Titelbild

Am 3. April 1966 hielt der Fotograf diese typische Szene im Hagener Hauptbahnhof fest. Nur noch ein halbes Jahr länger konnte man hier Loks der Baureihe 03.10 im täglichen Einsatz erleben. Mit der Elektrifizierung der Strecke entlang der Wupper Ende Mai 1964 und der Ruhr-Sieg-Linie ein Jahr später blieben diesen Schnellzugmaschinen nur noch wenige Leistungen von Hagen ins Sauerland Richtung Kassel und auf der Paderborner Linie nach Ostwestfalen.

Hinterer Umschlag

1963 dominiert noch die Dampftraktion die Szene im Bw Hagen-Eckesey: Rechts wendet die Düsseldorfer 38 3960, im Hintergrund ergänzt 38 2225 vom Bw Bestwig ihre Wasservorräte. Der Stolz der Bundesbahn sind jedoch die neuen Diesel- und Elloks! Hier verstellt V 200 066 fast symbolisch den Blick auf 50 916 vom Bw Hagen-Vorhalle.

Tor zum Sauerland

HAGEN

Eisenbahn-Impressionen der 1950er, 1960er, 1970er

Impressum

Bibliographische Information der Deutschen Bibliothek: Die Deutsche Bibliothek verzeichnet diese Publikation in der Deutschen Nationalbibliografie; detaillierte bibliographische Daten sind im Internet über http://dnb.ddb.de abrufbar.

ISBN: 978-3-8375-1244-1

Titelbild: Wolfgang Bügel
Hinterer Umschlag: H.D. Kremer
Redaktion: Tobias Pütz
Druck und Bindung: www.eos-print.com, 86941 St. Ottilien

Inhalt

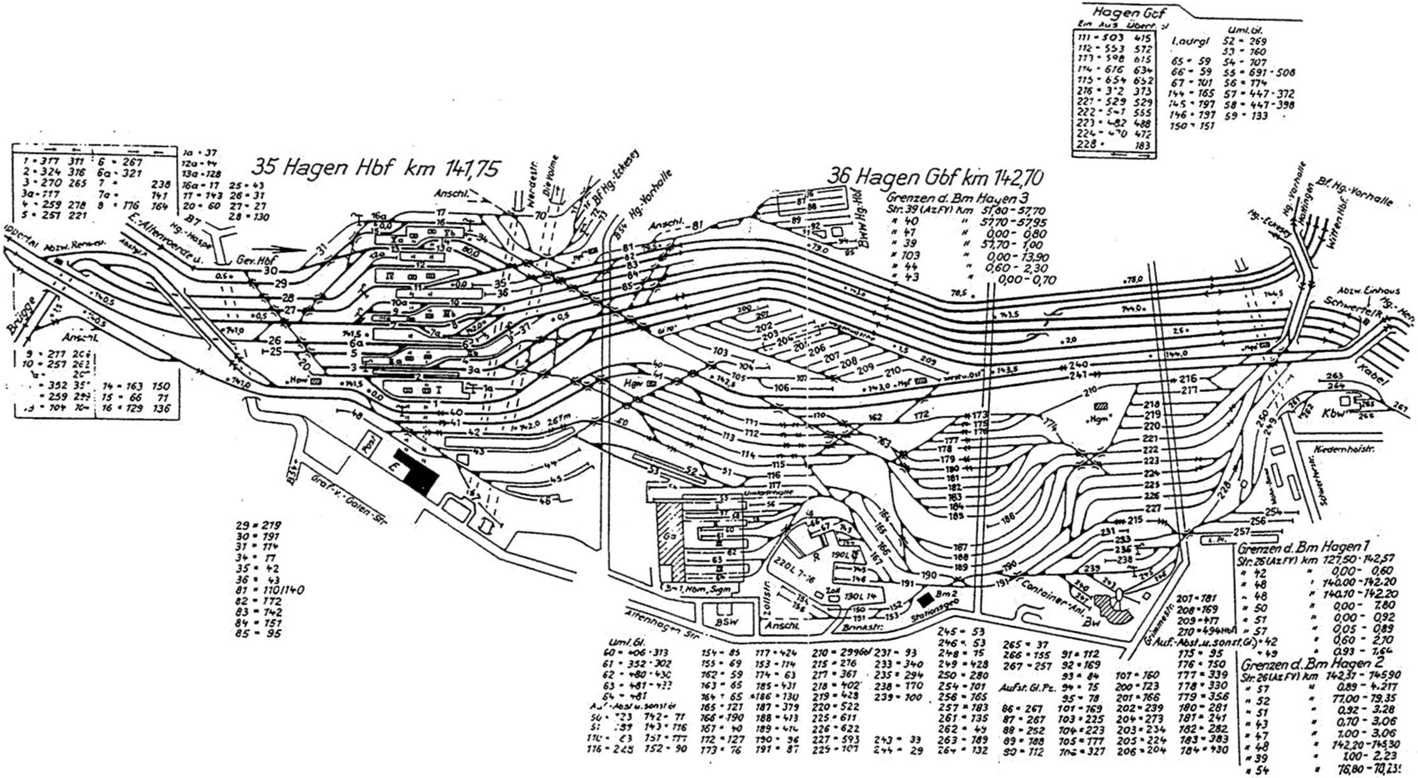

Die Gleisplanskizze vom Bahnhof Hagen Hbf mit Güterbahnhof Gbf und Verzweigungen zeigt den Zustand um ca. 1970. Links geht es nach Wuppertal und Brügge, rechts nach Witten, Schwerte und Siegen. Verschiedene Hagener Rangierbahnhöfe und Betriebsstellen wie z.B. Hagen Vorhalle sind auf verschiedenen Wegen angebunden. Mittig oben liegt das Bahnbetriebswagenwerk (Bww Hg. Hbf), links daneben ist der Abzweig zum bekannten „Bw Eck“ (Hagen Eckesey), unten rechts erkennt man das Bw Gbf.

Man fragt sich, welches Gebäude wohl prägender für den Berliner Platz in Hagen war: der moderne Betonbau „Haus Deutscher Ring“ oder das neobarocke Empfangsgebäude des Hauptbahnhofs.

„Hagen – Am Hauptbahnhof“ lautet die Beschriftung auf der Postkarte, die 1978 versandt wurde. Da war die Aufnahme schon einige Jahre alt: Der Mercedes Benz links und der sich zur Überquerung der Tram-Gleise anschickende Ford 17M deuten klar in die 1960er-Jahre.

78 422 vom Bw Wanne-Eickel rollt hier an der Blockstelle Schwerter Straße dem Hagener Hauptbahnhof entgegen. Laut Bildbeschriftung von 1951 hat sie den D 84 (Oberhausen–Siegen) am Haken, den ab Hagen eine Siegener Lok der Baureihe 23 übernahm. Ein paar Jahre später erfolgte der Lokwechsel von einer 41 aus Wanne-Eickel auf eine Hagener 41.

Ein Bild der 03 1060 aus den letzten Wochen des Lokeinsatzes. Am 21. August 1966 freuen sich die Fahrgäste wahrscheinlich weniger als der Fotograf über die Fuhre. Es handelt sich um den Dm 80659 (Durchgangs-Militärzug).

Es geht aufwärts in der gerade gegründeten Republik und das Angebot an Fernzügen nimmt wieder zu. Die Szene vom 26. Mai 1949 zeigt 01 1073 „entstromt" und mit altem Kessel, wie sie den D 31 aus dem Hauptbahnhof Hagen heraus beschleunigt. Vermutlich kam die Maschine erst hier vor den Zug, denn sie gehörte zum Bw Eckesey. Das markante Reiterstellwerk II am Ende der Bahnsteige mit angeschlossener Signalbrücke stammt aus dem Jahre 1912 und wurde nach Kriegszerstörung nur provisorisch wieder aufgebaut. Die Ablösung erfolgte 1955 mit dem Fahrdienstleiterstellwerk Hpf. Südlich Richtung Wuppertal stand ein ähnliches Stellwerk I, das allerdings nach der Zerstörung nicht wieder in Betrieb kam.

Vorbei am alten Stellwerk „Hpf“, das von 1955 bis 1995 in Betrieb war, fährt 430 412 als N 7723 im Jahr 1982 in Hagen Hbf ein.

Was gut bezahlte Designer und Berater auch zustande bringen können! Nur eine simple E 41, aber trotzdem ein besonderes Exemplar, denn nur die 141 248 besaß solch eine Versuchslackierung. Es ist diejenige Lok, welche mit dem sog. Karlsruher S-Bahnzug in die Farbgeschichte der Bundesbahn eingegangen ist. Bekanntlich und wohl zum Glück war die Lackierung eine Sackgasse, die Maschine hingegen wurde von den Fotofreunden regelrecht gejagt (Aufnahme vor dem N 5414 am 17.3.1983). Rechts erkennen wir das Empfangsgebäude mit dem markanten Hagener Uhrenturm.

141 248-5
DB

Eine leider unerkannt gebliebene 01 (möglicherweise 01 108) leistet im Rahmen einer Probefahrt des Aw Schwerte der Hagener 03 1076 im Jahr 1964 Vorspann vor einem Schnellzug bei der Ausfahrt aus dem Hagener Hauptbahnhof.

01 1068 vom Bw Hagen-Eckesey und die mit einem Kurztender der Bauart 2'2'T30 gekuppelte 03 101 aus Hannover-Ost verlassen im November 1949 vor dem E 524 den Hagener Hauptbahnhof.

18 316 verlässt im Mai 1967 mit einem Meßzug des BZA Minden den Hagener Hauptbahnhof. 18 316 war noch bis 1969 in Diensten der Mindener Versuchsanstalt und wurde anschließend als Denkmallok in einem Vergnügungspark bei Minden aufgestellt. Anfang der 1990er Jahre wurde sie vom Landesmuseum für Technik und Arbeit (LTA) in Mannheim übernommen und obwohl sie mehr als 20 Jahre im Freien gestanden hatte, gelang es, die Lok wieder betriebsfähig aufzuarbeiten.

Der Tagestriebzug VT 10 501 „Senator“ während einer Präsentationsfahrt in Hagen Hbf 1954. Die zweischiffige Bahnsteighalle aus dem Jahre 1910 trägt noch deutlich die Spuren des Zweiten Weltkriegs. Im Ruhrgebiet blieb sie wenigstens als einzige „klassische“ Bahnsteighalle erhalten, während viele andere Bahnsteighallen wie in Wuppertal-Elberfeld oder Dortmund Hbf nach dem Krieg abgerissen wurden.

Werbung für das Bahnhofskino (Bali = Bahnhofslichtspiele) in Hagen Hbf: In ständiger Wiederholung zeigten diese eine 50 Minuten lange Zusammenstellung aus Beiträgen verschiedener Wochenschauen, ein bis zwei Kulturfilmen und einem Zeichentrick- oder Slapstickfilm. Der Eintrittspreis betrug seit 1953 einheitlich für alle Plätze 50 Pfennig. Später setzte man mehr auf reißerische Filme und schließlich seit Ende der 1970er Jahre vollständig auf Sex- und Actionfilme. Mit dem Niveau der dargebotenen Filme sank auch das Ansehen der Kinos und spätestens Ende der 1970er Jahre hatte sich der schlechte Ruf manifestiert. Bahnhofskinos passten bald nicht mehr in das Konzept der Bundesbahn, die daranging, Bahnhöfe in Kaufhäuser mit Gleisanschluss umzuwandeln. 1990 waren noch sechs Bahnhofskinos in Betrieb, 1999 schloss das letzte.
Auch der vermeintlich unscheinbare Speisewagen im Hintergrund ist eine nähere Betrachtung wert: Es zeigt eine der wenigen kompletten küchenseitigen Ansichten des Speisewagens „DSG 1230“, der 1952 aus dem Rheingold-Salonspeisewagen SA4ük 10 501 der alten 1. Klasse zum Einsatz als luxuriöser Stammspeisewagen des „Blauen Enzian“-Gegenzugs umgebaut wurde. Warum dieser Wagen am 24. Juli 1956 hier in Hagen weit außerhalb seines üblichen Laufwegs angetroffen wurde, ist unklar.

Bahnsteigszene im Hagener Hauptbahnhof am 03.05.1972.

ETO
Feine Suppen
Ein guter Anfang
dem Essen

Blick auf die Ostausfahrt von Hagen Hbf im Sommer 1950. In der Bildmitte fährt 01 1060 aus, links rangiert eine pr. G 8.

Eine unerkannt gebliebene P 8 verlässt im Jahr 1960 den Hagener Hauptbahnhof in Richtung Wuppertal.

Im Sommer 1966 musste jede Gelegenheit wahrgenommen werden, die Hagener 03.10 in Betrieb aufzunehmen. Auch wenn das schlechte Wetter nur für eine 1/125 sec. Belichtungszeit reichte, das bewegungsunscharfe Foto der 03 1076 in Hagen soll nicht fehlen. Bei der Zugleistung könnte es sich um eine 03.10 in einem Bestwiger Plantag handeln, bspw. dem E 682/882, der eigentlich eine 23er-Leistung war, aber oft mit 03.10 gefahren wurde.

Die gute alte preußische T 18 (später Reihe 78.0) kann man als eine typisch bergisch-märkische Loktype bezeichnen, denn von verschiedenen Betriebswerken aus (u.a. Wt-Vohwinkel, Essen Hbf, Remscheid-Lennep) war sie hier meist im Nahverkehr zu finden. Auf einigen Strecken war sie auch im Wendezugbetrieb eingesetzt. Das Bw Eckesey hatte bis zur Dampflokaufgabe auch einige solcher Dampfer im Bestand. Hier begegnen wir der 78 193 im Hagener Hauptbahnhof. Eine Ausfahrt in Richtung Norden könnte auf einen Einsatz auf der Ruhrtallinie nach Hattingen hindeuten.

Übergabe von Wagenliste und Bremszettel vom Zugführer an den Triebfahrzeugführer des E 2943 nach Kassel in Hagen Hbf.

57 2957 vom Bw Hagen Gbf erledigt im März 1960 im Hagener Hauptbahnhof den Verschubdienst.

Am 5. Oktober 1963 findet man im Bw Hagen-Eckesey fast nur Dampfloks. Star der Szene ist 01 1100, die von 78 013, 57 1824 und einer unbekannten Lok der Baureihe 50 mit Kabinentender flankiert wird. In der Bw-Einfahrt ist es so eng, dass hier für Prellböcke kein Platz ist. Links im Hintergrund erkennt man die Hallen des Hagener Hauptbahnhofs.

Abgestellt auf dem Rand wartet 119 002 im Sommer 1969 auf Reparatur oder nur einfach darauf, dass die in 119-Plänen auch gerne eingesetzten 141 einmal kaputt gehen würden. Immerhin befindet sie sich hier in edler Gesellschaft, denn hinter ihr steht 03 1001, die dort lange Zeit für eine angestrebte museale Erhaltung aufbewahrt wurde – doch daraus wurde leider nichts.

26 • Hagen — Eckesey

Ein Blick auf die Großbekohlungsanlage des Bw Hagen-Eckesey im Jahr 1966.

Eine Rarität: Die AEG/Krupp Versuchslok DE 1500 201 001-5, abgestellt im Bw Hagen-Eckesey am 21.6.1969. Kurz danach wurde sie an die Westfälische-Landes-Eisenbahn (WLE) verkauft. 1981 kam sie zur Teutoburger-Wald-Eisenbahn (TWE) und zwei Jahre später dann zur Farge-Vegesacker-Eisenbahn (FVE). 1990 wurde sie über einen Lokhändler an die schweizerische Südostbahn (SOB) verkauft, bei der sie heute noch als Am 846 033-9 im Einsatz ist.

So war ein Fahrzeugreinigungsstand im Bw Hagen-Eckesey im Jahr 1956 aufgebaut. Im Hintergrund wartet 41 021 vom Bw Siegen auf die Dusche.

Im großen Rechteckschuppen des Bw Hagen-Eckesey herrschten immer recht schwierige Lichtverhältnisse. Deshalb gibt es auch nur wenige Bilder von dort. Am 11. September 1966 ist eines gelungen: Zwischen der „Konkurrenz“ in Form neuer E40 ruhen sich 03 1012 und 03 1043 vor ihren nächsten Einsätzen aus.

03 1012
03 1043

141 217 wurde am 04.07.1962 beim Bw Köln-Deutzerfeld in Dienst gestellt. Ihre seit 1964 zugewiesene Heimat-Dienststelle ist jedoch das Bw Hagen-Eckesey, wo sie im Februar 1974 ins beste Fotowetter rollte.

260 587 wurde als V 60 587 am 8. September 1960 beim Bw Hagen-Eckesey in Dienst gestellt und war 14 Jahre später immer noch dort beheimatet. Daneben steht ein unbekannter VS. Die Aufnahme gelang am gleichen Tag wie die der 141 217.

03 1021

03 1021 nimmt im Juni 1966 Wasser im Bw Hagen-Eckesey.

Nur drei Monate später, am 26.09.1966 wurden die letzten betriebsfähigen 03.10 des Bw Hagen-Eckesey abgestellt. 03 1011 war tatsächlich die letzte Lok, die aufs Abstellgleis fuhr. Sie brachte am 25.09.1966 den D 424 von Hannover nach Hamm und traf als Lz kurz vor Mitternacht in Hagen ein. Einen Tag später präsentierte sie sich zum Abschied in ihrer Heimatdienststelle.

Blick in die Elberfelder Straße. Das Stadtbild wird von typischen Gebäuden im Stil der 1950er-Jahre geprägt. Die vielen Geschäfte machen die Straße zu einer beliebten Einkaufsmeile. Heute sind Teile der Straße zur Fußgängerzone ausgebaut worden.

Auch die Mittelstraße wird von Nachkriegsgebäuden gesäumt. Die Johanniskirche im Hintergrund ist die älteste Hagener Kirche und basiert auf einem Sakralbau aus dem 12. Jahrhundert.

Die Elberfelder Straße aus einer anderen Perspektive in den 1950ern: Der Kleidung der Menschen nach könnte es ein Sonntag sein, an dem man lange Schlangen bildet. Wofür genau man hier ansteht, ist nicht zu erkennen.

Der Eingang zur Stadt vom Hauptbahnhof aus gesehen. Die Aufnahme aus den 1950ern zeigt auch, wie die Stadt in Hügeln eingebettet liegt.

VILLOSA
RUNDSCHAU

1973 ist ein vierachsiger Duewag-Triebwagen im Graf-von-Galen-Ring Richtung Eilpe unterwegs.

Auf einem kühnen Betonbauwerk wird die B 54 in Höhe des Dritten Stocks durch Hagen geführt. Die Kreuzung Althagener Straße/Märkischer Ring ist seither vom Durchgangsverkehr entlastet.

Ein Tram-Triebwagen der Linie 1 biegt von der Körnerstraße auf den Graf-von-Galen-Ring ab. Im Hintergrund erkennt man die hochgelegte B 54.

Der Hauptbahnhof ist ein wichtiger Knotenpunkt für die Hagener Straßenbahn. Zum Zeitpunkt der Aufnahme waren es noch drei Jahre, bis 1976, bis der Straßenbahnbetrieb in Hagen eingestellt wurde.

42 • Hagen — Gbf

50 2909 vom Bw Wuppertal-Vohwinkel wurde vom Fotografen am 11. September 1960 im Hagener Güterbahnhof angetroffen.

50 1615 vom Bw Dieringhausen fährt im Mai 1960 vor der Kulisse eines gut gefüllten Hagener Rangierbahnhofs vorbei.

Blick in das Bahnbetriebswerk Hagen Güterbahnhof (Bw Hagen Gbf) mit zahlreichen Loks der Baureihen 50 und 57. Links wartet 56 449 auf den nächsten Einsatz.

44 488 vom Bw Wuppertal-Vohwinkel ergänzt im Dezember 1959 ihre Wasservorräte im Bw Hagen Gbf. Am 29.9.1968 wurde das Bw als eigenständige Dienststelle aufgelöst und zu einer Außenstelle des Bw Bestwig umgewandelt.

In seiner Glanzzeit war das Bw Hagen Gbf mit zwei Drehscheiben und 27- (nördlich) bzw. 25-ständigen (südlich) Halbrundschuppen ausgestattet. Die hier beheimateten Loks wurden vorrangig für Rangieraufgaben und Güterdienste in der Umgebung vorgehalten.

Wie der Name andeutet, war das Bw Hagen Gbf für Güterzugdienste zuständig, stellte eigene Loks und versorgte fremde. Im Jahr 1965 kam 57 2501 aus dem hohen Norden vom Bw Husum nach Hagen. Hier wendet die Lok auf der Drehscheibe.

50 1231 vom Bw Wuppertal-Vohwinkel und 41 360 aus Osnabrück sind im April 1966 zu Gast im Bw Hagen Gbf. Im Herbst 1970 wurde das Areal für den Bau eines Containerbahnhofs eingeebnet.

Ein Jahr vor der Schließung des Bw Hagen Gbf war die Vohwinkler 050 278 zu Besuch. Der Containerbahnhof, der hier danach in den frühen 1970ern entstanden war, wurde mittlerweile auch wieder stillgelegt.

57 2577 im heimatlichen Schuppen des Bw Hagen Gbf am 07.01.1969

Das Bw Hagen Gbf war in erster Linie für Rangieraufgaben in der näheren Umgebung zuständig. Neben den hier stationierten Loks der Baureihe 57.10 (im Bild 57 2896 und 57 2070), wurden im Bw häufig auch Loks aus der Hagener Nachbarschaft Vorhalle oder Eckesey versorgt.

57 2070

Ein Übersichtsbild aus Vorhalle, das vom Kaisberg aus am 15.6.1957 Richtung Südwesten angefertigt wurde. Die Szene wird dominiert von einem großen Teil des Verschiebebahnhofs, wo man ganz vorne auf der Trasse aus Witten – Wetter den D 394 (Hamburg – Köln) erspähen kann. Er durchfährt gleich die Personenstation Vorhalle und wird nach einem ausgedehnten Rechtsbogen um 17:25 Uhr den Hauptbahnhof Hagen erreichen. Am oberen Rand vom Vbf führt rechts die Trasse nach Volmarstein – Witten/Hattingen, wo der hauptsächliche Güterverkehr abläuft. Ganz rechts erkennen wir die Anlagen vom Bw mit den beiden Rundschuppen und daneben den Rechteckschuppen vom Wagenwerk. Von der Lage her war das Bw Vorhalle optimal an den großen Verschiebebahnhof angebunden.

Das Bw Vorhalle mit seinem Dampflokbestand gab es längst nicht mehr, aber zuweilen tauchten noch einige der schwarzen Rösser im großen Verschiebebahnhof Vorhalle auf. Hier sehen wir die 57 2559, die am 27. Mai 1969 im Rangier- und Übergabeeinsatz „eingefangen" werden konnte. Die Maschine wurde im Bw Hagen Güterbahnhof gewartet, wobei dieses Bw aber nicht mehr selbständig war und als Außenstelle vom Bw Bestwig fungierte. Rechts hinter der Dampflok erkennt man eine der E 94 vom Bw Aschaffenburg, die ab Mai 1965 über die Ruhr-Sieg-Strecke planmäßig nach Hagen kamen. Nicht zuletzt diese Maschinen haben eine Reihe von 44ern in Hagen überflüssig gemacht und so zur Bw-Aufgabe beigetragen.

Der Großumbau des Rangierbahnhofs Hagen-Vorhalle im Sommer 1969 bescherte den G10 des Bw Hagen Gbf noch einmal umfangreiche zusätzliche Einsätze. In der Regel waren zwei Loks im Bauzugdienst tätig und zeigten dabei auch vor schweren Schotterzügen, dass sie noch nicht zum alten Eisen gehörten. Die Aufnahme der 57 2070 entstand am 09.06.1969 bei diesen Arbeiten.

Der Bahnhof Hagen-Vorhalle mit der in der linken Bildmitte rechtwinklig kreuzenden Überführung der alten RhE-Strecke vom Herdecker Ruhrviadukt (rechts) nach Hagen-Eckesey (links) und weiter Richtung Wuppertal und Düsseldorf im Jahr 1956. Heute existiert an dieser Stelle eine Fußgängerbrücke und Herdecke ist nur noch über die rechts am Bildrand sichtbare Verbindungskurve direkt zum Hagener Hbf angebunden. Das Empfangsgebäude ist inzwischen funktionslos, aber äußerlich weitgehend unverändert. Der Bahnsteig der alten BME-Stammstrecke nach Witten–Dortmund mit seinem Dach wird für die S-Bahn-Haltestelle genutzt. Der zweite Bahnsteig für die links der Ruhr bleibenden Wengerner Gleise wurde inzwischen abgebaut. Der Turm auf dem bewaldeten Hügel ist der Freiherr-vom-Stein-Turm aus dem Jahr 1869.

Arbeiten für die eigene Ablösung: 78 273 zieht im Jahr 1963 einen Arbeitszug während der Elektrifizierungsarbeiten zwischen Hagen-Hengstey und Hagen-Vorhalle.

50 1528 vom Bw Soest ist im Winter 1965 mit einem gemischten Güterzug an der Abzweigstelle Bechelte zwischen Hagen-Vorhalle und Hagen-Eckesey unterwegs.

Der Fotograf fliegt 1957 über Halden und schaut nach Norden. Am oberen rechten Bildrand erkennt man den Hengstey-See. Die Strecken führen links nach Hagen Hbf und Vorhalle, rechts nach Schwerte. Unten geht es nach Hohenlimburg/Altena.

01 1064 ist 1956 mit einem langen Eilzug an der Blockstelle Schwerter Straße unterwegs.

1847 gründeten Hasper Unternehmer das Eisen- und Walzwerk, das später zur „Hasper Hütte" wurde. 1923 fusionierte die Hütte mit dem Georgs-Marien-Bergwerks- und Hüttenverein und wurde so Teil der Klöckner-Werke AG. Die Stilllegung des Werks erfolgte 1982.

Im Vordergrund breiteet sich die Papierfabrik Kabel im Ortsteil Halden aus. Im Hintergrund jenseits des Flüsschens Lenne erkennt man die von der Papierfabrik bis 1950 genutzte „Laufwasser Buschmühle" an der Ruhrtalstaße, heute ein Wasserkraftwerk.

Jede Menge Käfer stehen im Hof des Autohändlers an der Zieglerstraße in Hagen-Vorhalle.

Blick in eine Werkhalle der Federnwerke J.P. Grueber in Hagen

Bildnachweis

Titelbild: Wolfgang Bügel
Hinterer Umschlag: H. D. Kremer

Carl Bellingrodt, Slg. der Eisenbahn-Stiftung: .... Seiten 7, 9, 13, 18, 44, 55
Carl Bellingrodt, Slg. Helmuth Dahlhaus: .... Seite 52
Hartmut Bornhöfft: .... Seite 27
Wolfgang Bügel, Slg. der Eisenbahn-Stiftung: .... Seiten 10, 11, 32, 46, 48, 49, 58, 59
Ulrich Budde: .... Seite 25
Helmuth Dahlhaus: .... Seiten 8, 53
Johannes Glöckner, Slg. der Eisenbahn-Stiftung: .... Seiten 30, 31, 38, 39, 40, 41, 50
Manfred van Kampen, Slg. Ulrich Budde: .... Seite 29
H. D. Kremer, Slg. der Eisenbahn-Stiftung: .... Seite 14
Wolfgang Kölsch, Slg. Claus (Ulrich Budde): .... Seite 24
Willi Marotz, Slg. der Eisenbahn-Stiftung: .... Seiten 17,
Slg. Günther Mitze (Eisenbahn-Stiftung): .... Seiten 23, 26, 45, 47, 51
Slg. Erich Preuß (Eisenbahn-Stiftung): .... Seiten 43, 56
Will A. Reed, Slg. der Eisenbahn-Stiftung: .... Seite 42
Kurt Reimelt, Slg. der Eisenbahn-Stiftung: .... Seiten 20, 33
Helmuth Säuberlich, Slg. der Eisenbahn-Stiftung: .... Seiten 15, 16, 28,
Peter Schiffer, Slg. der Eisenbahn-Stiftung: .... Seite 22
H. Strepen, Slg. Eisenbahn-Stiftung: .... Seite 12
Ulli Sunder, Slg. der Eisenbahn-Stiftung: .... Seite 57
Slg. der Verlagsgruppe Bahn .... Seiten 34, 35, 36, 37, 60, 61, 62, 63
Hans-Jürgen Vorsteher, Slg. der Eisenbahn-Stiftung ..... Seite 21
Webber, Slg. der Eisenbahn-Stiftung .... Seite 19